HIJA

·

TE CUENTO
TU HISTORIA

PARA TI,
HIJA MÍA

————•————

Tener hijos me abrió las puertas a un mundo nuevo.
El tiempo pasaba volando. Cada día había algún momento en
el que ellos me hacían reír, me sorprendían o me conmovían.
A lo largo de los años fui recogiendo y atesorando todos esos
momentos entrañables, tanto grandes como pequeños
—desde una palabra pronunciada de forma graciosa a la primera
vez en bicicleta—. Quería retenerlos, no solo para mí,
sino también para mis hijos, para que vieran lo mucho
que disfrutaba estando con ellos.

Eso me animó a crear este diario en el que podrás recoger
anécdotas e historias sobre tu hija y para ella.
Y, puesto que cada familia es diferente, tú decidirás
cuándo y con qué frecuencia anotas algo.

Creo que este diario será un poco más valioso con cada página
que escribas, porque se irá llenando con tus recuerdos de cómo
era y cómo es tu hija. Es un regalo único y personal que podrás
completar año tras año para dárselo más tarde.
Espero que disfrutes mucho escribiendo.

Con mucho cariño,
Elma van Vliet

ESPACIO
PARA UNA FOTO
NUESTRA

ESTA FOTO SE TOMÓ EL: _____

TE ESCRIBO ESTE DIARIO PORQUE:

VIVIMOS AQUÍ:

Y ESTA ES NUESTRA FAMILIA:

ESTO ES LO MEJOR DE NUESTRA FAMILIA:

_____

_____

_____

_____

_____

_____

ESTAS PERSONAS TAMBIÉN
FORMAN PARTE DE NUESTRA VIDA:

_____

_____

_____

_____

_____

_____

_____

ESTO ES LO QUE ME GUSTA DE TI:

FECHA: _____

_____

_____

_____

_____

_____

_____

_____

_____

_____

_____

★★

AHORA MIDES _____ CENTÍMETROS

FECHA: _____

_____

_____

_____

_____

_____

_____

_____

_____

_____

_____

_____

★★★

AHORA PESAS:

FECHA: _____

_____

_____

_____

_____

_____

_____

_____

_____

_____

_____

★★★

TU TALLA DE ROPA Y DE CALZADO:

FECHA: _____

_____

_____

_____

_____

_____

_____

_____

_____

_____

_____

_____

★★

ESTA ES LA ROPA QUE MÁS TE GUSTA LLEVAR:

FECHA: _____

_____

_____

_____

_____

_____

_____

_____

_____

_____

_____

★★

TIENES UN VÍNCULO ESPECIAL CON:

_____

_____

_____

_____

_____

_____

_____

_____

_____

★★

TU MOMENTO FAVORITO DEL DÍA:

FECHA: _____

_____

_____

_____

_____

_____

_____

_____

_____

_____

_____

PARA DESAYUNAR TE GUSTA TOMAR:

FECHA: _____

_____

_____

_____

_____

_____

_____

_____

_____

_____

★★★

PARA CENAR PREFIERES:

FECHA: _____

_____

_____

_____

_____

_____

_____

_____

_____

_____

_____

_____

★★★

DISFRUTAS DE VERDAD COMIENDO...

FECHA: _____

_____

_____

_____

_____

_____

_____

_____

_____

_____

★★

NO TE GUSTA EN ABSOLUTO COMER...

FECHA: _____

_____

_____

_____

_____

_____

_____

_____

_____

_____

_____

_____

TE RÍES CUANDO:

FECHA: _____

_____

_____

_____

_____

_____

_____

_____

_____

_____

_____

★★

TE ENFADAS SI:

FECHA: _____

_____

_____

_____

_____

_____

_____

_____

_____

_____

_____

★★★

COSAS QUE SE TE DAN MUY BIEN:

_____

_____

_____

_____

_____

_____

_____

_____

_____

★★★

COSAS QUE AÚN TE CUESTA HACER:

FECHA: _____

_____

_____

_____

_____

_____

_____

_____

_____

_____

★★★

A MENUDO COMPARTES JUEGOS CON:

FECHA: _____

_____

_____

_____

_____

_____

_____

_____

_____

_____

_____

★★

TU(S) ANIMAL(ES) FAVORITO(S):

FECHA: _____

_____

_____

_____

_____

_____

_____

_____

_____

_____

_____

_____

★★

SIENTES MUCHO INTERÉS POR:

FECHA: _____

_____

_____

_____

_____

_____

_____

_____

_____

_____

_____

★★

COSAS QUE TE ENCANTA HACER:

FECHA: _____

_____

_____

_____

_____

_____

_____

_____

_____

_____

_____

★★

TU LIBRO PREFERIDO:

FECHA: _____

_____

_____

_____

_____

_____

_____

_____

_____

_____

_____

★★

TU PELUCHE PREFERIDO:

FECHA: _____

_____

_____

_____

_____

_____

_____

_____

_____

_____

_____

_____

★★

TU LUGAR FAVORITO EN CASA:

_____

_____

_____

_____

_____

_____

_____

_____

_____

_____

_____

_____

_____

★★★

TUS LUGARES FAVORITOS FUERA:

FECHA: _____

_____

_____

_____

_____

_____

_____

_____

_____

_____

_____

★★

PALABRAS QUE UTILIZAS A MENUDO:

_____

_____

_____

_____

_____

_____

_____

_____

_____

★★★

ESTÁS MUY GRACIOSA CUANDO DICES ESTA PALABRA:

FECHA: _____

_____

_____

_____

_____

_____

_____

_____

_____

_____

★★

TIENES UN POCO DE MIEDO DE:

FECHA: _____

_____

_____

_____

_____

_____

_____

_____

_____

_____

_____

_____

★★

CUANDO ESTAMOS FUERA TE FASCINA:

FECHA: _____

_____

_____

_____

_____

_____

_____

_____

_____

_____

_____

★★★

NUESTROS MEJORES PASEOS O VIAJES:

FECHA: _____

_____

_____

_____

_____

_____

_____

_____

_____

_____

_____

★★

EL MEJOR MOMENTO DE LA SEMANA:

FECHA: _____

_____

_____

_____

_____

_____

_____

_____

_____

_____

_____

_____

★★★

TE GUSTA VER ESTO:

FECHA: _____

_____

_____

_____

_____

_____

_____

_____

_____

_____

_____

★★

TU JUGUETE FAVORITO:

FECHA: _____

_____

_____

_____

_____

_____

_____

_____

_____

_____

_____

★★

TE GUSTA CANTAR O ESCUCHAR ESTA CANCIÓN:

FECHA: _____

_____

_____

_____

_____

_____

_____

_____

_____

_____

_____

_____

★★★

NOS ENCANTA JUGAR JUNTAS A:

FECHA: _____

_____

_____

_____

_____

_____

_____

_____

_____

_____

★★

ESTO NO TE GUSTA MUCHO:

FECHA: _____

_____

_____

_____

_____

_____

_____

_____

_____

_____

_____

★★

TE ENCANTA(N):

FECHA: _____

_____
_____
_____
_____
_____
_____
_____
_____
_____
_____
_____

★★

COSAS QUE SE TE DAN MUY BIEN:

FECHA: _____

_____

_____

_____

_____

_____

_____

_____

_____

_____

★★★

TE SIENTES MUY ORGULLOSA DE TI MISMA CUANDO...

FECHA: _____

_____

_____

_____

_____

_____

_____

_____

_____

_____

_____

★★

ESTA PALABRA ES LA QUE MEJOR TE DESCRIBE:

FECHA: _____

_____

_____

_____

_____

_____

_____

_____

_____

★★

CON OTRAS PERSONAS ERES:

FECHA: _____

_____

_____

_____

_____

_____

_____

_____

_____

_____

_____

★★

DUERMES ASÍ:

_____

_____

_____

_____

_____

_____

_____

_____

_____

_____

★★

LO PRIMERO QUE HACES CUANDO TE DESPIERTAS:

FECHA: _____

_____

_____

_____

_____

_____

_____

_____

_____

_____

★★

DE MAYOR QUIERES SER:

FECHA: _____

_____

_____

_____

_____

_____

_____

_____

_____

_____

_____

_____

★★

ERES FELIZ SI TE DEJO HACER ESTO:

FECHA: _____

_____

_____

_____

_____

_____

_____

_____

_____

_____

_____

_____

★★★

COSAS QUE PREFIERES HACER CONMIGO:

FECHA: _____

_____

_____

_____

_____

_____

_____

_____

_____

_____

_____

★★★

TE GUSTA HACER TÚ SOLA:

FECHA: _____

_____

_____

_____

_____

_____

_____

_____

_____

_____

_____

_____

_____

★★★

TE ENCANTA IR A CASA DE:

FECHA: _____

_____

_____

_____

_____

_____

_____

_____

_____

_____

_____

★★

LO QUE MÁS TE GUSTA HACER CON LOS ABUELOS:

FECHA: _____

_____

_____

_____

_____

_____

_____

_____

_____

_____

_____

_____

★★

A MENUDO TE LEO:

FECHA: _____

_____

_____

_____

_____

_____

_____

_____

_____

_____

_____

★★★

ESTA ES TU MÚSICA PREFERIDA:

LO QUE MÁS FELIZ ME HACE ES QUE TÚ Y YO...

_____

_____

_____

_____

_____

_____

_____

CUANDO ESTÁS TRISTE TE
CONSUELO ASÍ:

_____

_____

_____

_____

_____

_____

SIENTO MUCHO ORGULLO DE TI CUANDO:

_____

_____

_____

_____

_____

_____

_____

_____

_____

_____

_____

_____

_____

_____

_____

FECHA: _____

_____

_____

_____

_____

_____

_____

_____

_____

_____

_____

_____

★★★

AHORA MIDES _____ CENTÍMETROS

FECHA: _____

_____

_____

_____

_____

_____

_____

_____

_____

_____

_____

_____

★★

AHORA PESAS:

FECHA: _____

_____

_____

_____

_____

_____

_____

_____

_____

_____

_____

_____

★★★

TU TALLA DE ROPA Y DE CALZADO:

FECHA: _____

_____

_____

_____

_____

_____

_____

_____

_____

_____

★★

ESTA ES LA ROPA QUE MÁS TE GUSTA LLEVAR:

FECHA: _____

_____

_____

_____

_____

_____

_____

_____

_____

_____

_____

★★

TIENES UN VÍNCULO ESPECIAL CON:

FECHA: _____

_____

_____

_____

_____

_____

_____

_____

_____

_____

★★★

TU MOMENTO FAVORITO DEL DÍA:

FECHA: _____

_____
_____
_____
_____
_____
_____
_____
_____
_____
_____
_____

★★★

PARA DESAYUNAR TE GUSTA TOMAR:

FECHA: _____

_____

_____

_____

_____

_____

_____

_____

_____

_____

_____

★★

PARA CENAR PREFIERES:

FECHA: _____

_____

_____

_____

_____

_____

_____

_____

_____

_____

_____

★★★

DISFRUTAS DE VERDAD COMIENDO...

FECHA: _____

_____

_____

_____

_____

_____

_____

_____

_____

_____

_____

_____

★★★

NO TE GUSTA EN ABSOLUTO COMER...

FECHA: _____

_____

_____

_____

_____

_____

_____

_____

_____

_____

_____

★★

TE RÍES CUANDO:

FECHA: _____

_____

_____

_____

_____

_____

_____

_____

_____

_____

_____

_____

★★★

TE ENFADAS SI:

FECHA: _____

_____

_____

_____

_____

_____

_____

_____

_____

_____

_____

_____

★★★

COSAS QUE SE TE DAN MUY BIEN:

FECHA: _____

_____

_____

_____

_____

_____

_____

_____

_____

_____

_____

_____

_____

★★★

COSAS QUE AÚN TE CUESTA HACER:

FECHA: _____

_____

_____

_____

_____

_____

_____

_____

_____

_____

_____

_____

★★

A MENUDO COMPARTES JUEGOS CON:

FECHA: _____

_____

_____

_____

_____

_____

_____

_____

_____

_____

_____

_____

★★★

TU(S) ANIMAL(ES) FAVORITO(S):

FECHA: _____

_____

_____

_____

_____

_____

_____

_____

_____

_____

_____

★★

SIENTES MUCHO INTERÉS POR:

FECHA: _____

_____
_____
_____
_____
_____
_____
_____
_____
_____
_____
_____
_____

★★

COSAS QUE TE ENCANTA HACER:

FECHA: _____

_____

_____

_____

_____

_____

_____

_____

_____

_____

_____

★★★

TU LIBRO PREFERIDO:

FECHA: _____

_____

_____

_____

_____

_____

_____

_____

_____

_____

_____

★★★

TU PELUCHE PREFERIDO:

FECHA: _____

_____

_____

_____

_____

_____

_____

_____

_____

_____

_____

_____

★★★

TU LUGAR FAVORITO EN CASA:

FECHA: _____

_____

_____

_____

_____

_____

_____

_____

_____

_____

_____

★★

TUS LUGARES FAVORITOS FUERA:

FECHA: _____

_____

_____

_____

_____

_____

_____

_____

_____

_____

_____

★★★

PALABRAS QUE UTILIZAS A MENUDO:

FECHA: _____

_____

_____

_____

_____

_____

_____

_____

_____

_____

★★★

ESTÁS MUY GRACIOSA CUANDO DICES ESTA PALABRA:

FECHA: _____

_____

_____

_____

_____

_____

_____

_____

_____

_____

★★

TIENES UN POCO DE MIEDO DE:

FECHA: _____

_____

_____

_____

_____

_____

_____

_____

_____

_____

_____

★★

CUANDO ESTAMOS FUERA TE FASCINA:

FECHA: _____

_____

_____

_____

_____

_____

_____

_____

_____

_____

★★★

NUESTROS MEJORES PASEOS O VIAJES:

FECHA: _____

_____

_____

_____

_____

_____

_____

_____

_____

_____

★★★

EL MEJOR MOMENTO DE LA SEMANA:

FECHA: _____

_____

_____

_____

_____

_____

_____

_____

_____

_____

_____

_____

★★★

TE GUSTA VER ESTO:

FECHA: _____

_____

_____

_____

_____

_____

_____

_____

_____

_____

_____

★★★

TU JUGUETE FAVORITO:

FECHA: _____

_____

_____

_____

_____

_____

_____

_____

_____

_____

_____

★★★

TE GUSTA CANTAR O ESCUCHAR ESTA CANCIÓN:

FECHA: _____

_____

_____

_____

_____

_____

_____

_____

_____

_____

_____

★★

NOS ENCANTA COMPARTIR ESTOS JUEGOS:

FECHA: _____

_____

_____

_____

_____

_____

_____

_____

_____

_____

_____

_____

★★

ESTO NO TE GUSTA MUCHO:

FECHA: _____

_____

_____

_____

_____

_____

_____

_____

_____

_____

★★★

TE ENCANTA(N):

FECHA: _____

_____

_____

_____

_____

_____

_____

_____

_____

_____

_____

★★

COSAS QUE SE TE DAN MUY BIEN:

FECHA: _____

_____

_____

_____

_____

_____

_____

_____

_____

_____

_____

★★★

TE SIENTES MUY ORGULLOSA DE TI MISMA CUANDO...

FECHA: _____

_____

_____

_____

_____

_____

_____

_____

_____

_____

_____

★★★

ESTA PALABRA ES LA QUE MEJOR TE DESCRIBE:

FECHA: _____

_____

_____

_____

_____

_____

_____

_____

_____

_____

_____

★★

CON OTRAS PERSONAS ERES:

FECHA: _____

_____

_____

_____

_____

_____

_____

_____

_____

_____

_____

★★

DUERMES ASÍ:

FECHA: _____

_____

_____

_____

_____

_____

_____

_____

_____

_____

★★

LO PRIMERO QUE HACES CUANDO TE DESPIERTAS:

FECHA: _____

_____

_____

_____

_____

_____

_____

_____

_____

_____

_____

★★

DE MAYOR QUIERES SER:

FECHA: _____

_____

_____

_____

_____

_____

_____

_____

_____

_____

_____

_____

★★

ERES FELIZ SI TE DEJO HACER ESTO:

FECHA: _____

_____

_____

_____

_____

_____

_____

_____

_____

_____

_____

★★

COSAS QUE PREFIERES HACER CONMIGO:

_____

_____

_____

_____

_____

_____

_____

_____

_____

_____

_____

★★★

TE GUSTA HACER TÚ SOLA:

FECHA: _____

_____

_____

_____

_____

_____

_____

_____

_____

_____

_____

★★★

TE ENCANTA IR A CASA DE:

FECHA: _____

_____

_____

_____

_____

_____

_____

_____

_____

_____

_____

★★★

LO QUE MÁS TE GUSTA HACER CON LOS ABUELOS:

FECHA: _____

_____

_____

_____

_____

_____

_____

_____

_____

_____

_____

_____

★★

A MENUDO TE LEO:

FECHA: _____

_____

_____

_____

_____

_____

_____

_____

_____

_____

_____

★★

ESTA ES TU MÚSICA PREFERIDA:

LO QUE MÁS ME GUSTA DE TI:

_____

_____

_____

_____

_____

_____

ME EMOCIONASTE CUANDO:

_____

_____

_____

_____

_____

_____

ESTOS SON NUESTROS RITUALES FAVORITOS:

_____

_____

_____

_____

_____

_____

MI MOMENTO FAVORITO DEL DÍA CONTIGO:

_____

_____

_____

_____

_____

_____

_____

FECHA: _____

_____

_____

_____

_____

_____

_____

_____

_____

_____

_____

★★★

AHORA MIDES _____ CENTÍMETROS

FECHA: _____

_____

_____

_____

_____

_____

_____

_____

_____

_____

_____

_____

★★

AHORA PESAS:

FECHA: _____

_____

_____

_____

_____

_____

_____

_____

_____

_____

_____

★★

TU TALLA DE ROPA Y DE CALZADO:

_____

_____

_____

_____

_____

_____

_____

_____

_____

_____

_____

★★

ESTA ES LA ROPA QUE MÁS TE GUSTA LLEVAR:

FECHA: _____

_____

_____

_____

_____

_____

_____

_____

_____

_____

★★★

TIENES UN VÍNCULO ESPECIAL CON:

FECHA: _____

_____

_____

_____

_____

_____

_____

_____

_____

_____

★★

TU MOMENTO FAVORITO DEL DÍA:

FECHA: _____

_____

_____

_____

_____

_____

_____

_____

_____

★★★

PARA DESAYUNAR TE GUSTA TOMAR:

FECHA: _____

_____

_____

_____

_____

_____

_____

_____

_____

_____

★★★

PARA CENAR PREFIERES:

FECHA: _____

_____

_____

_____

_____

_____

_____

_____

_____

_____

_____

_____

★★★

DISFRUTAS DE VERDAD COMIENDO...

_____

_____

_____

_____

_____

_____

_____

_____

_____

_____

_____

****

NO TE GUSTA EN ABSOLUTO COMER...

FECHA: _____

_____

_____

_____

_____

_____

_____

_____

_____

_____

_____

_____

★★

TE RÍES CUANDO:

FECHA: _____

_____

_____

_____

_____

_____

_____

_____

_____

_____

_____

★★

TE ENFADAS SI:

FECHA: _____

_____

_____

_____

_____

_____

_____

_____

_____

_____

_____

_____

★★★

COSAS QUE SE TE DAN MUY BIEN:

FECHA: _____

_____

_____

_____

_____

_____

_____

_____

_____

_____

_____

★★★

COSAS QUE AÚN TE CUESTA HACER:

FECHA: _____

_____

_____

_____

_____

_____

_____

_____

_____

_____

_____

_____

★★

A MENUDO COMPARTES JUEGOS CON:

FECHA: _____

_____

_____

_____

_____

_____

_____

_____

_____

_____

_____

_____

★★

TU(S) ANIMAL(ES) FAVORITO(S):

FECHA: _____

_____

_____

_____

_____

_____

_____

_____

_____

_____

_____

★★

SIENTES MUCHO INTERÉS POR:

_____

_____

_____

_____

_____

_____

_____

_____

_____

_____

★★★

COSAS QUE TE ENCANTA HACER:

FECHA: _____

_____

_____

_____

_____

_____

_____

_____

_____

_____

★★

TU LIBRO PREFERIDO:

FECHA: _____

_____

_____

_____

_____

_____

_____

_____

_____

_____

★★

TU PELUCHE PREFERIDO:

FECHA: _____

_____

_____

_____

_____

_____

_____

_____

_____

_____

_____

★★

TU LUGAR FAVORITO EN CASA:

FECHA: _____

_____

_____

_____

_____

_____

_____

_____

_____

★★

TUS LUGARES FAVORITOS FUERA:

FECHA: _____

_____

_____

_____

_____

_____

_____

_____

_____

_____

_____

_____

★★★

PALABRAS QUE UTILIZAS A MENUDO:

FECHA: _____

_____

_____

_____

_____

_____

_____

_____

_____

_____

_____

_____

_____

★★

ESTÁS MUY GRACIOSA CUANDO DICES ESTA PALABRA:

FECHA: _____

_____

_____

_____

_____

_____

_____

_____

_____

_____

_____

_____

★★

TIENES UN POCO DE MIEDO DE:

FECHA: _____

_____

_____

_____

_____

_____

_____

_____

_____

_____

_____

★★★

CUANDO ESTAMOS FUERA TE FASCINA:

FECHA: _____

_____

_____

_____

_____

_____

_____

_____

_____

_____

_____

_____

★★

NUESTROS MEJORES PASEOS O VIAJES:

FECHA: _____

_____

_____

_____

_____

_____

_____

_____

_____

_____

_____

_____

★★

EL MEJOR MOMENTO DE LA SEMANA:

FECHA: _____

_____

_____

_____

_____

_____

_____

_____

_____

_____

_____

_____

★★

TE GUSTA VER ESTO:

FECHA: _____

_____

_____

_____

_____

_____

_____

_____

_____

_____

_____

_____

★★

TU JUGUETE FAVORITO:

FECHA: _____

_____

_____

_____

_____

_____

_____

_____

_____

_____

_____

_____

★★

TE GUSTA CANTAR O ESCUCHAR ESTA CANCIÓN:

_____

_____

_____

_____

_____

_____

_____

_____

_____

_____

★★

NOS ENCANTA COMPARTIR ESTOS JUEGOS:

FECHA: _____

_____

_____

_____

_____

_____

_____

_____

_____

_____

_____

★★

ESTO NO TE GUSTA MUCHO:

FECHA: _____

_____

_____

_____

_____

_____

_____

_____

_____

_____

_____

_____

★★★

TE ENCANTA(N):

FECHA: _____

_____

_____

_____

_____

_____

_____

_____

_____

_____

_____

★★

COSAS QUE SE TE DAN MUY BIEN:

FECHA: _____

_____

_____

_____

_____

_____

_____

_____

_____

_____

_____

★★★

TE SIENTES MUY ORGULLOSA DE TI MISMA CUANDO...

FECHA: _____

_____

_____

_____

_____

_____

_____

_____

_____

_____

★★

ESTA PALABRA ES LA QUE MEJOR TE DESCRIBE:

FECHA: _____

_____

_____

_____

_____

_____

_____

_____

_____

_____

_____

_____

★★★

CON OTRAS PERSONAS ERES:

FECHA: _____

_____

_____

_____

_____

_____

_____

_____

_____

_____

★★

DUERMES ASÍ:

FECHA: _____

_____

_____

_____

_____

_____

_____

_____

_____

_____

★★★

LO PRIMERO QUE HACES CUANDO TE DESPIERTAS:

FECHA: _____

_____

_____

_____

_____

_____

_____

_____

_____

_____

_____

★★

DE MAYOR QUIERES SER:

FECHA: _____

_____

_____

_____

_____

_____

_____

_____

_____

_____

_____

ERES FELIZ SI TE DEJO HACER ESTO:

FECHA: _____

_____

_____

_____

_____

_____

_____

_____

_____

_____

_____

_____

★★

COSAS QUE PREFIERES HACER CONMIGO:

FECHA: _____

_____

_____

_____

_____

_____

_____

_____

_____

_____

_____

★★

TE GUSTA HACER TÚ SOLA:

FECHA: _____

_____

_____

_____

_____

_____

_____

_____

_____

_____

_____

★★

TE ENCANTA IR A CASA DE:

FECHA: _____

_____

_____

_____

_____

_____

_____

_____

_____

_____

★★

LO QUE MÁS TE GUSTA HACER CON LOS ABUELOS:

CREO QUE MÁS ADELANTE SERÁS:

_____

_____

_____

_____

_____

_____

NUNCA OLVIDARÉ ESTE
MOMENTO ESPECIAL:

_____

_____

_____

_____

_____

_____

ME ENCANTA QUE SEAS MI HIJA PORQUE:

_____

_____

_____

_____

_____

_____

_____

_____

_____

_____

_____

_____

_____

FECHA: _____

_____

_____

_____

_____

_____

_____

_____

_____

_____

_____

_____

★★

AHORA MIDES _____ CENTÍMETROS

FECHA: _____

_____

_____

_____

_____

_____

_____

_____

_____

_____

_____

_____

_____

_____

_____

★★

AHORA PESAS:

FECHA: _____

_____

_____

_____

_____

_____

_____

_____

_____

_____

★★

TU TALLA DE ROPA Y DE CALZADO:

FECHA: _____

_____

_____

_____

_____

_____

_____

_____

_____

_____

_____

★★★

ESTA ES LA ROPA QUE MÁS TE GUSTA LLEVAR:

FECHA: _____

_____

_____

_____

_____

_____

_____

_____

_____

_____

_____

★★★

TIENES UN VÍNCULO ESPECIAL CON:

FECHA: _____

_____

_____

_____

_____

_____

_____

_____

_____

_____

★★

TU MOMENTO FAVORITO DEL DÍA:

FECHA: _____

_____
_____
_____
_____
_____
_____
_____
_____
_____
_____
_____

★★★

PARA DESAYUNAR TE GUSTA TOMAR:

_____

_____

_____

_____

_____

_____

_____

_____

_____

_____

_____

★★★

PARA CENAR PREFIERES:

FECHA: _____

_____

_____

_____

_____

_____

_____

_____

_____

_____

_____

_____

★★★

DISFRUTAS DE VERDAD COMIENDO...

FECHA: _____

_____

_____

_____

_____

_____

_____

_____

_____

_____

_____

_____

★★

NO TE GUSTA EN ABSOLUTO COMER...

FECHA: _____

_____

_____

_____

_____

_____

_____

_____

_____

_____

_____

_____

★★★

TE RÍES CUANDO:

FECHA: _____

_____

_____

_____

_____

_____

_____

_____

_____

_____

_____

_____

★★

TE ENFADAS SI:

FECHA: _____

_____

_____

_____

_____

_____

_____

_____

_____

_____

_____

_____

★★

COSAS QUE SE TE DAN MUY BIEN:

FECHA: _____

_____

_____

_____

_____

_____

_____

_____

_____

_____

_____

_____

★★

COSAS QUE AÚN TE CUESTA HACER:

FECHA: _____

_____

_____

_____

_____

_____

_____

_____

_____

_____

_____

★★

A MENUDO COMPARTES JUEGOS CON:

FECHA: _____

_____

_____

_____

_____

_____

_____

_____

_____

_____

_____

_____

★★★

TU(S) ANIMAL(ES) FAVORITO(S):

FECHA: _____

_____

_____

_____

_____

_____

_____

_____

_____

_____

_____

★★★

SIENTES MUCHO INTERÉS POR:

FECHA: _____

_____

_____

_____

_____

_____

_____

_____

_____

_____

_____

_____

★★★

COSAS QUE TE ENCANTA HACER:

FECHA: _____

_____

_____

_____

_____

_____

_____

_____

_____

_____

_____

_____

_____

★★★

TU LIBRO PREFERIDO:

FECHA: _____

_____

_____

_____

_____

_____

_____

_____

_____

_____

_____

_____

_____

_____

★★

TU PELUCHE PREFERIDO:

FECHA: _____

_____

_____

_____

_____

_____

_____

_____

_____

_____

_____

_____

★★

TU LUGAR FAVORITO EN CASA:

FECHA: _____

_____

_____

_____

_____

_____

_____

_____

_____

_____

_____

_____

★★★

TUS LUGARES FAVORITOS FUERA:

FECHA: _____

_____

_____

_____

_____

_____

_____

_____

_____

_____

★★★

PALABRAS QUE UTILIZAS A MENUDO:

FECHA: _____

_____

_____

_____

_____

_____

_____

_____

_____

_____

_____

★★★

ESTÁS MUY GRACIOSA CUANDO DICES ESTA PALABRA:

FECHA: _____

_____

_____

_____

_____

_____

_____

_____

_____

_____

★★

TIENES UN POCO DE MIEDO DE:

FECHA: _____

_____

_____

_____

_____

_____

_____

_____

_____

_____

_____

_____

★★

CUANDO ESTAMOS FUERA TE FASCINA:

FECHA: _____

_____

_____

_____

_____

_____

_____

_____

_____

_____

_____

_____

★★★

NUESTROS MEJORES PASEOS O VIAJES:

FECHA: _____

_____

_____

_____

_____

_____

_____

_____

_____

_____

_____

_____

★★

EL MEJOR MOMENTO DE LA SEMANA:

FECHA: _____

_____

_____

_____

_____

_____

_____

_____

_____

_____

_____

_____

★★★

TE GUSTA VER ESTO:

FECHA: _____

_____

_____

_____

_____

_____

_____

_____

_____

_____

_____

_____

★★★

TU JUGUETE FAVORITO:

FECHA: _____

_____

_____

_____

_____

_____

_____

_____

_____

_____

★★★

TE GUSTA CANTAR O ESCUCHAR ESTA CANCIÓN:

FECHA: _____

_____

_____

_____

_____

_____

_____

_____

_____

_____

★★

NOS ENCANTA COMPARTIR ESTOS JUEGOS:

FECHA: _____

_____

_____

_____

_____

_____

_____

_____

_____

_____

_____

★★

ESTO NO TE GUSTA MUCHO:

FECHA: _____

_____

_____

_____

_____

_____

_____

_____

_____

_____

_____

_____

_____

★★

TE ENCANTA(N):

FECHA: _____

_____

_____

_____

_____

_____

_____

_____

_____

_____

_____

_____

★★

COSAS QUE SE TE DAN MUY BIEN:

FECHA: _____

_____

_____

_____

_____

_____

_____

_____

_____

_____

_____

_____

★★

TE SIENTES MUY ORGULLOSA DE TI MISMA CUANDO...

FECHA: _____

_____

_____

_____

_____

_____

_____

_____

_____

_____

★★★

ESTA PALABRA ES LA QUE MEJOR TE DESCRIBE:

FECHA: _____

_____

_____

_____

_____

_____

_____

_____

_____

_____

_____

_____

★★★

CON OTRAS PERSONAS ERES:

FECHA: _____

_____

_____

_____

_____

_____

_____

_____

_____

_____

_____

★★★

DUERMES ASÍ:

FECHA: _____

_____

_____

_____

_____

_____

_____

_____

_____

_____

_____

★★

LO PRIMERO QUE HACES CUANDO TE DESPIERTAS:

FECHA: _____

———————————————————————————————

———————————————————————————————

———————————————————————————————

———————————————————————————————

———————————————————————————————

———————————————————————————————

———————————————————————————————

———————————————————————————————

———————————————————————————————

★★★

DE MAYOR QUIERES SER:

FECHA: _____

_____

_____

_____

_____

_____

_____

_____

_____

_____

_____

★★

ERES FELIZ SI TE DEJO HACER ESTO:

FECHA: _____

_____

_____

_____

_____

_____

_____

_____

_____

_____

_____

★★

COSAS QUE PREFIERES HACER CONMIGO:

FECHA: _____

_____

_____

_____

_____

_____

_____

_____

_____

_____

_____

★★★

TE GUSTA HACER TÚ SOLA:

FECHA: _____

_____

_____

_____

_____

_____

_____

_____

_____

_____

_____

_____

★★★

TE ENCANTA IR A CASA DE:

FECHA: _____

_____

_____

_____

_____

_____

_____

_____

_____

_____

_____

★★★

LO QUE MÁS TE GUSTA HACER CON LOS ABUELOS:

ESTAS SON LAS COSAS QUE HE APRENDIDO DE TI:

_____

_____

_____

_____

_____

_____

ESTAS SON LAS LECCIONES DE VIDA QUE QUIERO DARTE:

_____

_____

_____

_____

_____

_____

ESTE ES EL FUTURO QUE SUEÑO PARA TI:

_____

_____

_____

_____

_____

_____

_____

_____

_____

_____

_____

_____

Papel certificado por el Forest Stewardship Council®

EEN BOEK VAN
ELMA VAN VLIET

Título original: *Dagboek voor mijn dochter*
Primera edición: abril de 2025

© 2016, Elma van Vliet, Países Bajos
© 2025, Penguin Random House Grupo Editorial, S. A. U.
Travessera de Gràcia, 47-49. 08021 Barcelona
Un producto de Elma van Vliet
Cubierta y diseño de Julia Brandts
© 2025, Catalina Ginard Feron, por la traducción

Printed in Spain – Impreso en España
ISBN: 978-84-01-03003-1
Depósito legal: B-1486-2025

Compuesto en M. I. Maquetación, S. L.
Impreso en Gómez Aparicio, S. L.,
Madrid

L030031